D0722790

¡QUE VIVAN LOS MAESTROS!

por Elle Parkes

BUMBA BOOKS™ en español

EDICIONES LERNER ◆ MINNEAPOLIS

Nota para los educadores:

En todo este libro, usted encontrará preguntas de reflexión crítica. Estas pueden usarse para involucrar a los jóvenes lectores a pensar de forma crítica sobre un tema y a usar el texto y las fotos para ello.

ediciones Lerner
Una división de Lerner Publishing Group, Inc.
241 First Avenue North
Mineápolis, MN 55401, EE. UU.

Si desea averiguar acerca de niveles de lectura y para obtener más información, favor consultar este título en www.lernerbooks.com

Library of Congress Cataloging-in-Publication Data

Names: Parkes, Elle, author.
Title: ¡Que vivan los maestros! / Elle Parkes.
Other titles: Hooray for teachers! Spanish
Description: Minneapolis : ediciones Lerner, [2017] | Series: Bumba Books en español — ¡Que vivan los ayudantes comunitarios! | Text is in Spanish. | Título original: Hooray for Teachers! | "La traducción al español fue realizada por Annette Granat"—T.p. verso. | Includes bibliographical references and index. | Audience: Ages: 4–7. | Audience: Grades: K to Grade 3.
Identifiers: LCCN 2016043252 (print) | LCCN 2016047412 (ebook) | ISBN 9781512441321 (lb : alk. paper) | ISBN 9781512453904 (pb : alk. paper) | ISBN 9781512449792 (eb pdf)
Subjects: LCSH: Teachers—Juvenile literature.
Classification: LCC LB1775 .P37 2018 (print) | LCC LB1775 (ebook) | DDC 371.102—dc23

LC record available at https://lccn.loc.gov/2016043252

Fabricado en los Estados Unidos de América
1 – CG – 7/15/17

Expand learning beyond the printed book. Download free, complementary educational resources for this book from our website, www.lernerresource.com.

Tabla de contenido

Los maestros ayudan
a los estudiantes 4

Herramientas de los maestros 22

Glosario de las fotografías 23

Leer más 24

Índice 24

Los maestros ayudan a los estudiantes

Los maestros trabajan

en escuelas.

Ellos les enseñan cosas

nuevas a los estudiantes.

Los maestros trabajan en un salón de clases.

Este salón tiene escritorios y sillas.

¿Por qué piensas que es útil que los estudiantes tengan sus propios escritorios?

Los maestros de educación

física trabajan en

un gimnasio.

Ellos les enseñan deportes

y juegos a los estudiantes.

Este maestro enseña cómo

jugar al baloncesto.

Los maestros saben de

muchas materias.

Ellos ayudan a los estudiantes

a aprender.

Les ponen exámenes.

Algunos maestros enseñan

diferentes materias.

Esta maestra solamente enseña arte.

Ella muestra cómo cortar figuras.

¿Por qué piensas que algunos maestros solamente enseñan una materia?

13

Los maestros enseñan en formas divertidas.

Ellos usan películas y música.

Este maestro usa computadoras para enseñar música.

¿De qué otras formas divertidas enseñan los maestros?

Los días de trabajo de los maestros

son largos.

Ellos observan a los estudiantes

durante el recreo.

Se encuentran con los padres de

familia después de la escuela.

Los maestros asisten a la universidad.

Ellos estudian mucho.

Estudian por cuatro años o más.

Los maestros trabajan con muchos estudiantes.

Los estudiantes aprenden de diferentes maneras.

Los maestros ayudan a que todos los estudiantes aprendan.

Herramientas de los maestros

pizarrón blanca

marcadores

lápices

escritorio

libros

computadora

tableta

Glosario de las fotografías

estudiantes

la gente que estudia en la escuela

recreo

un descanso de la escuela

salón de clases

un salón en una escuela donde ocurren las clases

universidad

un lugar para continuar estudiando después de la secundaria

23

Leer más

De Nijs, Erika. *A Teacher's Job.* New York: Cavendish Square Publishing, 2016.

Heos, Bridget. *Let's Meet a Teacher.* Minneapolis: Millbrook Press, 2013.

Siemens, Jared. *Teachers.* New York: AV2 by Weigl, 2016.

Índice

escuelas, 4, 17

estudiantes, 4, 8, 10, 17, 20

materias, 10, 13

música, 14

recreo, 17

salón de clases, 7

sillas, 7

universidad, 19

Crédito fotográfico